AF356324

EDICT GENERAL

DV ROY, SVR LE

Reglement de la Iustice,
& Creation en heredité
de plusieurs Offices.

*Verifié en Parlement le 28. iour de Iuin,
mil six cens vingt sept.*

A PARIS.
Par A. ESTIENE, P. METTAYER
&C. PREVOST, Imprimeurs
ordinaires du Roy.

M. DC. XXVII.
Auec Priuilege de sa Majesté.

LOVIS ·par la Grace de Dieu, Roy de France & de Nauarre, A tous presens & à venir, Salut. Comme ainsi soit, que les Rois nos Predecesseurs ayent pour retrancher les abus & maluersations qui s'estoient glissées en l'administration de la Iustice, fait plusieurs bonnes & sainctes Loix & Ordonnances, Neantmoins la malice des hommes croissant auec la multiplicité des affaires, a donné sujet à plusieurs Notaires, Sergents & autres Ministres de Iustice, abusants de la facilité & ignorance de nos Sujets, d'vser de surprises, faussetez & antidates à leur grande ruine & prejudice : Pour à quoy remedier, DE L'ADVIS de nostre Conseil, auquel assistoient la Royne nostre tres-honorée Dame & Mere, nostre tres-cher & tres-amé Frere vnique le Duc d'Orleans, plu-

fieurs Princes, Seigneurs & principaux
Officiers de noftre Couronne, Nov s
AVONS par cettuy noftre prefent Edict
perpetuel & irreuocable, dit, ftatué &
ordonné, difons, ftatuons & ordonnons ce qui enfuit:

I.

PREMIEREMENT, que les anciennes
Ordonnances, Arrefts & Reglements
fur l'ordre à tenir & obferuer par les
Notaires és Contracts & autres Actes
qu'ils receurōt & pafferont, entre autres
pour l'approbation & authorifation des
additions, radiations & retranche-
ments, feront entierement gardez &
obferuez de poinct en poinct fur les peines portées par icelles.

II.

ET pour remedier aux inconuenients
qui arriuent aux parties par le defaut de
fçauoir lire & figner, AVONS par ce
prefent Edict, à l'inftar de ce qui fe pratique en noftre Prouince de Bretagne,
creé & eftably, creons & eftabliffons en
titre d'Office formé, en chacune de nos
Villes, Bourgs & Paroiffes de noftre
Royaume où il y a Notaires, deux Cer-

tificateurs Preud'hommes, en heredité,
de tous les Contracts & Actes excedans
cent liures, paſſez par ceux qui ne ſçau-
ront lire, écrire ne ſigner : leſquels aſ-
ſiſteront auec les parties à la lecture deſdits Contracts & actes excedans cent
liures, & y ſigneront : Deſigneront par
leurs actes de certification, les noms,
les conditions & demeures de ceux de
leur Paroiſſe, & qui leur ſeront cogneus.
Et pour ceux de dehors & qui leur ſeront incogneus, ils deliureront leurs
certifications ſur les atteſtations de perſonnes de probité & à eux cogneues ; &
deliureront meſmes certifications à
ceux des Paroiſſes de leur reſidance, qui
auront à paſſer Actes & Contracts dehors ; leſquelles certifications demeu-
reront pardeuers les Notaires qui auront paſſé leſdits Contracts & Actes.
Tiendront leſdits Certificateurs ſom-
maire & neantmoins fidele Regiſtre &
Controlle de tous leſdits Actes, Contracts & Certifications où ils auront aſſiſté, pour y auoir recours, & en donner
acte quand beſoin ſera & requis en ſeront. Et afin de leur donner plus d'em-

ploy en faiſant ceſſer la maniere inde-
cente qui s'eſt pratiquée iuſques icy, de
confondre és Proſnes des Egliſes, les
choſes temporelles auec les ſpiri-
tuelles, Nous leur auons attribué
& attribuons le pouuoir de faire
toutes les meſmes publications qui ſe
font eſdits Proſnes, quant aux choſes
temporelles, de quelque qualité qu'elles ſoient, à la ſortie des grandes Meſ-
ſes Parochiales, & en donner Acte : Et
outre aſſiſter ceux de nos Huiſſiers &
Sergents qui les requerront en leurs
executions & criées, recorder leurs exploits & actes, & iceux ſigner auec eux.
Pour tous leſquels actes, Nous leur
auons attribué & attribuons, aſçauoir
deux ſols Pariſis pour chacune aſſiſtance, certification & enregiſtrement deſdits actes; autant pour chacun acte qu'ils
en deliureront: Quatre ſols Pariſis pour
chacune des publications où il y aura
denombrement, & deux ſols Pariſis pour
chacune des publications ſans denombrement & acte qu'ils en deliureront.
Et pour les aſſiſtances & recordations de
chacun des exploits & actes, les droits

mentionnez cy-apres. Et outre les auons
exemptez & exemptons de toutes charges publiques sans nulle excepter, si-
non de nos Aydes, Tailles & Imposts
qu'ils payeront comme nos autres sub-
jets: Pour estre lesdits Offices vendus à
faculté de rachat perpetuel, & ioüir par
les pourueus desdits Offices duditdroict
d'heredité.

I I I.

ET dautant que ces remedes seroient
inutiles, si par mesme moyen nous ne
pouruoyons aux antidates & substra-
ctions cy-deuant remarquées, qui se peuuent commettre aux regiitres & papiers
iournaux, par la supposition d'iceux, sub-
tractions & changements de fueillets
& autrement, Avons par ce mesme
Edict creé & establi, creons & establis-
sons en chacun Baillage, Seneschauf-
fée, Preuosté, Eslection & Iustice Roya-
le de cestuy nostre Royaume, païs, ter-
res & Seigneuries de nostre obeïssance,
vn Bureau où seront portez tous les re-
gistres, reliez en blanc, & de consistance
suffisante, destinez à enregistrer toutes
sortes d'actes generalement, & papiers

iournaux: Et en chacun de ces Bureaux,
crée & erigé, creons & erigeons en titre d'Office formé, vn Greffier Con-
trroolleur hereditaire de tous regiftres,
liures de raifon, & papiers iournaux,
pour eftre par luy cottez & paraphez en
chacun fueillet, en arrefter le nóbre, en
faire l'infcription contenant le nombre
des fueillets, & à quoy ils font defti-
nez, le temps qu'ils auront à feruir, qui
ne fera que pour vne année au plus : &
les renoüueller d'an en an, fans en ce
comprendre les regiftres des Greffiers
de nos Iurifdictions.

I V.

QVE tous ceux qui auront befoin
defdits regiftres, liures de raifon & papiers iournaux, feront obligez de les
mettre entre les mains dudit Greffier
Controolleur à l'effet que deffus, les re-
tirant s'en charger enuers luy fur le regiftre par luy tenu à cét effet : Exprimer
particulierement au receu d'iceluy le
nombre des fueillets cottez & paraphez dudit Greffier Controolleur, le figner du mefme feing duquel ils fe vou-
dront feruir en l'expedition des actes
qu'ils

qu'ils y inſereront & regiſtreront : de-
clarant tous autres nuls , & les actes &
autres choſes y employées, de nul effet,
ſans que l'on y puiſſe adiouſter aucune
foy : & ceux qui s'en ſeruiront, amenda-
bles à l'arbitrage des Iuges , ſans qu'ils les
puiſſent diſpenſer de ladite condamna-
tion d'amende.

V.

En fin de chacune année , & quinze
iours apres icelle expirée, tous ceux qui
auront pris leſdits regiſtres , ſeront tenus
de porter & repreſenter audit Greffier
Controolleur, tous les regiſtres & papiers iournaux de l'année precedente,
pour eſtre par luy veus , clos & paraphez
au fueillet où ſe terminera l'enregiſtrement des actes , afin qu'il n'y en puiſſe
eſtre adiouſté ny retranché aucun; l'acte
qui ſera eſcrit & ſigné de luy, contenant
ledit regiſtre luy auoir eſté exhibé vn tel
iour par celuy auquel il aura ſeruy ; le
nombre des fueillets eſcrits ; le nombre
des actes ou articles qu'il contiendra ; &
ſera ledit regiſtre clos d'vne ligne à l'en-
tour & deſſous tous leſdits actes & articles, afin qu'il n'y puiſſe eſtre rié adiouſté,

B

VI.

Et dautant que comme ceste charge peut produire vn grand bien, elle eft auf-fi grandement penible & laborieufe, Nous leur auons attribué & attribuons, afçauoir vn denier pour paraphe de chacun fueillet, huiçt fols pour chacun acte de deftination au commencement defdits regiftres, & autant pour chacun acte de clofture à la fin, fans qu'ils en puiffent prendre ny exiger dauantage à peine de concuffion, Pour eftre lefdits Offi-ces vendus hereditairement à ladite faculté de rachat, ainfi qu'il eft accouftumé.

VII.

Et pour contenir les Huiffiers & Sergens en l'exacte obferuation de nos Ordonnances, & empefcher qu'ils ne confōmēt en frais inutiles les parties qui les employent, Nous leur enioignons de fe nommer, & faire mention de leurs demeures, en leurs exploits: leur defendons de prendre ny faire figner à l'aduenir autres Records, en leurs exploits de faifies reelles, eftabliffemens de Commiffaires, procez verbaux de criées, executions de

meubles, commandemens, offres, &
autres actes de pareille consequéce, que
les susdits Certificateurs preud'hommes
creez par le present Edict : Ausquels
nous attribuons aussi ce pouuoir, comme
dit est, l'interdisant à tous autres, à peine de faux & de nullité des exploits &
autres actes, de cinq cens liures d'amende, & de tous les despens dõmages & interests des parties, si ce n'est aux exploits
de peu de consequence : Et lors qu'ils
iront exploiter à la campagne, leur defendons d'en mener aucun auec eux,
mais de prendre ceux des lieux où ils ex-
ploiteront : Et toutefois pource qu'ayant
souuent à exploiter contre aucuns Seigneurs & Gentils-hommes de difficile
conuention, les Certificateurs des lieux
craindroiét de les offenser, & de les auoir
pour ennemis, s'ils assistoient nosdits
Huissiers & Sergens, & en ceste crainte
ne les refuseroient pas seulement, mais
en donneroient aduis ausdits Seigneurs
& Gentils-hommes, ce qui rendroit les
executions impossibles, au peril desdits
Huissiers & Sergens, & à la ruine de nos
subiects; En ce cas, & non autrement,

B ij

Nous auons permis & permettons à nofdits Huiſſiers & Sergens, apres la plainte
qu'ils auront faite à nos Iuges des reſi-
ſtances ou empeſchemens à eux donnez,
de s'aſſiſter & fortifier des Certificateurs
voiſins de trois ou quatre lieuës de di-
ſtance au plus, & de tel nôbre de perſonnes qu'ils verront bon eſtre : Enioignant
tres-expreſſément à noſdits Certificateurs, Preuoſts de nos tres-chers & tres-
Amez Couſins les Mareſchaux de France ou leurs Lieutenans, de leur donner main forte & aſſiſtance, à peine
de priuation de leurs charges, & de
reſpondre en leurs propres & priuez
noms des dommages & intereſts des parties : Prenant à ceſte fin leſdits Certificateurs preud'hommes, enſemble leſdits
Huiſſiers, Sergens, & tous autres en noſtre protection & ſauuegarde ſpeciale.
Defendant à toutes perſonnes de quelque qualité & condition qu'elles ſoient,
de leur méfaire ny médire, à peine d'en-
courir noſtre indignation; mais de ſouf-
frir paiſiblement, & auec le reſpect deu
à noſtre authorité, les executions faites
en noſtre nom. Auſquels Certificateurs

nous attribuons pour chacun exploit &
autres actes, aufquels ils feruiront de Records fur les lieux, deux fols Parifis; &
pour ceux où ils feront obligez d'aller
dehors, pour les caufes contenuës cy deffus, quatre fols Parifis pour chacune
lieuë.

VIII.

Et pour empefcher les fauffetez, fup-
pofitions, antidates, & autres abus qui
fe commettent par lefdits Huiffiers
& Sergens, Nous enjoignons aux parties, à la requefte defquelles les Sergens
auront exploité, de faire regiftrer fom-
mairement par les Gardes des petits
Seaux, les exploits de faifies & autres
actes pour fommes excedants cent liures.
Iceux exploits faire feeller fuiuant nos
Edicts, fans que lefdites parties s'en puiffent feruir qu'ils n'ayent efté regiftrez &
feellez, à peine de nullité.

IX.

Enjoignons pareillement à tous Greffiers & Notaires, de faire feeller par lefdits Gardes des petits Seaux les Sentences, Iugemens, Actes & Contracts qu'ils
expedieront, à peine d'eftre responfables

en leurs propres & priués noms, des dommages & interests des parties, & de cent liures d'amende enuers nous. Et pour remedier à l'inconuenient qui pourroit arriuer de la perte des Contracts seellez, qui apporteroit ruine aux parties qui les auroient adhirez, dautant qu'ils se trouueroient priuez de leurs hypotheques, & leurs Contracts inualides & sans execution; Nous voulons, ordonnons & enioignõs ausdits Gardes des petits Seaux, de tenir registre sommaire des noms des parties, de la substãce & date desdits Cõtracts, pour y auoir recours en cas de perte desdits Contracts seellez, & en faire seeller d'autres grosses sur la foy dudit registre. Et pour l'emolument tant du seel que dudit enregistrement sommaire, Nous leur auons attribué & attribuõs par le present Edict, quatre sols Parisis pour chacune des Sentences, Iugemens, Contracts, & autres actes excedans cent liures, & deux sols Parisis pour chacun de ceux qui seront au dessous de ladite somme de cent liures.

X.

Et dautant qu'en consequence des

commandemens & executions faites par
nosdits Huissiers & Sergens, plusieurs
pour éuiter la vente de leurs biens ou
l'emprisonnement de leurs personnes,
& les interests protestez, consignent les
sommes qui leur sont demandées entre
les mains d'iceux Huissiers & Sergents,
lesquels par diuers artifices les retien-
nent souuent si longuement, qu'eux ou
les parties interessées venants à mourir,
les heritiers ne les peuuent retirer : Et
pour y remedier, Voulons & nous plaist,
qu'en cas d'opposition, ou autre empes-
chement qui ne soit terminé dãs le mois,
à compter du iour de la consignation,
nos Huissiers & Sergents entre les mains
desquels elles auront esté faittes, ayent à
les mettre en celles desdits Gardes des
petits Seaux, lesquels leur en donneront
décharge, & s'en chargeront sur leurs
regiftres au marge de l'enregistrement
de l'acte fait par lesdits Huissiers sur ladite consignation, les gardans & conser-
uans iusques à ce qu'il en ait esté ordonné : leur attribuant trois deniers pour liure du droict de recepte, lequel droict se-
ra pris & deduit sur la somme consignée,

aux defpens de qui il appartiendra.

XI.

Et pour le regard des fommes confi-
gnées és mains defdits Huiffiers & Sergés
auparauant la verification des prefentes,
Voulons & nous plaift femblablement,
que dans huictaine du iour de ladite verification ou publication d'icelles és Sieges de nofdites Iurifdictions, iceux Huiffiers & Sergens qui les auront receuës, les
portent & mettent és mains defdits Gardes des petits Seaux comme deffus, &
qu'à faute de ce, ledit temps paffé, ils y
foient contraints : & pareillement pour
les autres confignations qui leur feront
faites à l'aduenir par les voyes accouftu-
mées en nos propres affaires, attribuant
mefme droict de trois deniers pour liure
aufdits Gardes des petits Seaux.

XII.

L'obferuation des Reglemens, Ordonnances & Couftumes fur le faict des
faifies & criées d'heritages, lefquelles en-
ioignent aux Huiffiers & Sergens qui les
font, d'en faire la lecture à haute & intel-
ligible voix à l'iffuë des grandes Meffes
Parochiales, eftant negligée, les affiches
mefmes

mefmes arrachées par perfonnes inter-
pofées auffi toft qu'elles font mifes, & ordinairement la plufpart fi mal efcrites,
qu'elles ne fe peuuent lire fouuent à
deffein & par artifice, pour en cacher &
ofter la cognoiffance aux oppofans & autres intereffez: Pour y remedier, en
reïterant lefdits Reglemens & Ordonnances, & y adiouftant, Nous enioignons tres-expreffément à nofdits Huiffiers & Sergens, qu'à l'aduenir pro-
cedant aufdites faifies & criées, ils
ayent à y appeller les fufdits Certificateurs preud'hommes, & en leur pre-
fence faire la lecture à haute & intel-
ligible voix de leurs exploits & publications des affiches, contenant le particu-
lier des chofes faifies, à la requefte de
qui, & pour quelles fommes; prendre
pour tefmoins les Paroiffiens fortans de
la grande Meffe, au nombre porté par
nofdits Reglemens, Ordonnances &
Couftumes; en faire mention en leurs
procez verbaux, enfemble de leurs qua-
litez & demeures; le tout à peine de fuf-
penfion de leurs charges, defpens, dommages & interefts des parties, faire efcri-

C

re les affiches, tant defdites criées que de
toutes autres, en lettre bien formée, af-
fez groffe, & fans abbreuiation extraor-
dinaire, & les appofer en lieux conuena-
bles pour eftre leües de tous ceux qui le
voudrõt. Defendans à qui que ce foit de
les defchirer, arracher, ny couurir, à
peine de cent liures d'amende pour la
premiere fois, & de plus grande pour la
feconde, applicable moitié à nous, &
l'autre au denonciateur.

XIII.

Et pour reftablir vn ordre exact à la
reception des facs & productions, &
que comme plufieurs pieces importent
fouuent à la conferuation entiere des familles, elles foient auffi plus foigneufe-
ment conferuées qu'elles n'ont efté iuf-
ques à prefent, par ce qu'il n'y a eu aucun pourueu en tiltre, Pour cét effet,
Novs avons par ce mefme noftre
Edict, creé & erigé, creons & erigeons
en tiltre d'Office formé & hereditaire,
vn Greffier garde-facs, en chacune de
nos Iurifdictions & Cours fouueraines,
pour receuoir tous les facs qui luy feront
mis entre les mains, les verifier exacte-

mont, & en faire mention fur vn regiftre
qui l'en rendra refponfable, ne les deli-
urer à ceux de nos Iuges aufquels ils feront diftribuez qu'auec le mefme ordre,
en faire mefme mention, le procez iugé,
ou le Cõfeiller rapporteur decedé, auoir
le foin de les retirer vn mois apres d'être
és mains de leurs vefues, heritiers ou
Clercs, les faire rediftribuer par le mefme ordre, s'il eft neceffaire; & s'ils en
font requis, les inftances terminées és
Cours fouueraines, les rendre aux Procureurs des parties, les faifant figner
fur fon regiftre.

XIV.

Et pour ce qui eft des Prefidiaux &
Iuftices inferieures, Voulons le mefme
ordre eftre gardé & obferué, les Iuges
tenus lors du rapport de les remettre
aufdits Greffiers, s'en faifant décharger
pour iceux eftre rendus aux Procureurs
des parties s'il n'y a appel, le temps de
releuer expiré : & en cas d'appel, eftre
renuoyé auffi toft au Greffe de la Iurifdi-
ction où les parties le releueront auec
vn fidele inuentaire, cõme il eft dit cy
deffus.

C ij

X V.

Ioüyront lefdits Greffiers Garde-facs defdits Offices, aux fonctions & pouuoirs fufdits, & aux droits, fçauoir ceux des Cours fouueraines de quatre fols parifis pour chaque fac produit, au-tãt pour le rẽdre, pareille fomme de ceux qui feront retirez des mains des vefues & heritiers des rapporteurs decedez, quatre fols parifis pour chacune produ-ction, autant pour chacune diftribu-tion: Et ceux des Iuftices inferieures de deux fols parifis pour chaque fac pro-duit, autãt pour le rẽdre, pareille fomme de ceux qui feront retirez des vefues & heritiers des Rapporteurs decedez, deux fols parifis pour chacune production, & autant pour chacune diftribution. Tous lefquels droicts nous leur auons attri-bué & attribuons fans qu'ils en puiffent prendre ny exiger dauantage fous quel-que pretexte que ce foit, à peine de con-cuffion & de priuation de leurs Offices. Et feront lefdits Offices vendus à facul-té de rachapt perpetuel en la maniere accouftumée, pour en ioüyr par les pourueus & acquereurs comme il eft dit cy deffus.

XVI.

Et dautant qu'il arriue beaucoup d'inconueniés des suppofitions & changements qui fe font aux productions apres les procez iugez, lefquelles on augmente ou diminuë de beaucoup de ce qui auoit efté produit pardeuant les Iuges, & ce par l'artifice foit des Procureurs, foit des parties, pour augmenter par ce moyen les taxes de defpens, ou changer quelque chofe aufdites productions, au preiudice des parties, Novs vovlons & ordonnons que dorefnauant auant que les facs & productions des parties foient portées aufdits Grefiers, Garde-facs, afin qu'elles ne puiffent eftre changées ny alterées, Voulons que les inuentaires & efcritures foient controollées & paraphées en tous les fueillets par les Controolleurs des productions, Que nous auons pour cét effet par ce mefme noftre prefent Edict creé, erigé & eftably, creons, erigeons & eftabliffons en tiltre d'Office formé en heredité, aufquels pour emolument nous auons attribué & attribuons les deux fols pour liure des falaires de çe qui eſt taxé aux Procureurs pour leſdits inuentaires & droict de reuiſiõ des Eſcritures : Et ſeront auſſi leſdits Offices de Controolleurs vendus à faculté de rachat perpetuel en la maniere accouſtumée , pour en ioüyr par les pourueus & acquereurs comme il eſt cy-deſſus dit.

XVII.

Et pour pouruoir à la conſeruation des Sentences arbitrales , & autres actes de conſequence, qui iuſques icy ont eſté en diuerſes mains ſans ordre ny ſeureté pour les intereſſez, dautant qu'elles ſont retenuës par perſonnes priuées & incognuës non chargées d'icelles, Avons attribué & attribuons le tiltre, qualité & pouuoir de Greffier des arbitres auſdits Greffiers Garde-ſacs, pour expedier à l'aduenir les Sentences & autres actes rendus par les Iuges arbitres, en garder & conſeruer ſoigneuſement les minutes, & rendre les ſacs aux parties, apres les inſtances terminées , pour eſtre en ce faiſant leſdites charges de Greffiers des Sentences arbitrales, venduës, tenuës & exercées hereditairement , & par meſmes perſonnes auec celles deſdits Gref-

fiers Garde-facs, aux droicts ainfi qu'il fe
pratique en tous nos autres Greffes, fuiuant nos Reglemens, & ceux de nofdites Cours & Iurifdictions, fans qu'ils en
puiffent prendre ny exiger dauantage, à
peine de concuffion.

XVIII.

Et fur les aduis qui nous ont efté donnez, que nos droicts, foit Seigneuriaux,
foit de lots & ventes, & auffi des Seigneurs particuliers Ecclefiaftiques &
Seculiers, font ordinairement recelez,
faute de fçauoir & pouuoir découurir
les contracts de ventes qui fe font, &
pour lefquels lefdits droits font deubs,
comme auffi les retrayans, foit feodaux,
foit lignagers, font priuez de pouuoir
vfer de leur droict de retrait, faute de
pouuoir découurir dans les temps pref-
crits par nos Ordonnances & les Couftumes, les Contracts de vente qui fe
font faits fubiets aufdits droicts; Et que
pour remedier à ces inconueniens, le
Roy Henry III. d'heureufe memoire,
par fon Edict & Declaration de l'an 1581.
verifiez en noftre Cour de Parlement de
Paris, auroit eftably en tiltre d'Office

des Greffiers des notifications defdits
Contracts fubiets aufdits droicts Seigneuriaux, lots & ventes, & de retraict
tant feodal que lignager, Nous auons
renouuelé & confirmé ledit Edict &
Declaration de l'an 1581. & entant que
befoin feroit, creé & erigé, creons & erigeons de nouueau en tiltre d'Office formé lefdits Greffiers des notifications
fuiuant & conformément audit Edict cy
attaché foubs le contrefeel de noftre
Chancellerie, auec les droits & émolu-
mens à eux attribuez par iceluy, pour
eftre lefdits Offices vendus hereditairement en la maniere accouftumée.

XIX.

Et dautant que de la conferuation ou
perte des comptes dépend la feureté &
repos des familles, VOVLONS & ordonnons que dorefnauant la minute de
tous les comptes de tutelle, curatelle,
affociations & executions teftamentai-
res, & heritiers beneficiaires, apres
qu'ils auront efté examinez par nos Iuges & Commiffaires, foient portez aux
Greffes ordinaires de leurs Iurifdictiõs,
pour eftre lefdites minutes conferuées
par

par les Greffiers defdittes Iurifdictions; &
coppie defdits comptes, articles & cloftu-
res d'iceux par eux deliurez aux parties
qui les requerront ; auec pareils falaires
qu'ils prennent pour les autres expedi-
tions, en payant par lefdits Greffiers pour
laditte attribution, les taxes qui en feront
faites en noftre Confeil.

X X.

E T dautant que nous auons efté ad-
uertis des defordres qu'il y a dans nos Prefidiaux, Bailliages & autres Iuftices Royales & fubalternes, aux appellations des
caufes, en ce que contre & au preiudice
des Reglements fur ce faits, par lefquels il
eft ordonné que les caufes feront appellées à tour de roolle, afin que la Iuftice
foit par ce moyen renduë également &
fans confufion ; elles font bien fouuent
aduancées ou retardées, foit par la volon-
té des Iuges qui prefident aux Audiences,
ou par la fubtilité & artifice des Procureurs; Enquoy les parties plaidantes ont
vn notable intereft, & reçoiuent vn grand
preiudice : Pour à quoy remedier, N o v s
V O V L O N S & nous plaift, que doréna-
uant, fuiuant & conformement aux qua-

D

rante deux & quarante troifiéme articles
de l'Arreſt de noſtre Cour de Parlement
de Paris , du quatorziéme Aouſt 1617.
Portant reglement pour les Iuges Officiers, Pratticiens & Miniſtres de Iuſtice
des Sieges ordinaires & Preſidiaux , cy
attachez ſous le contreſeel de noſtre
Chancellerie , toutes les cauſes qui ſe
plaideront en tous nos Preſidiaux, Bailliages & autres Iuſtices Royales & ſubal-
ternes de ceſtuy noſtre Royaume, ſoient
enregiſtrées & appellées à tour de roolle:
Auec defenſes à nos Iuges Preſidiaux,
Lieutenans generaux, Particuliers & autres nos Iuges , d'interrompre l'ordre d'i-
celuy, ny faire appeller les cauſes par placets , ſinon au nombre de cinq ou ſix,
pour le regard deſdits Preſidiaux ſeule-
ment, en chacune audience & ſur la fin
d'icelle ; leſquels placets ſeront ſignez de
ceux qui preſident, chacun à leur égard, &
apres ſignifiez aux parties le iour prece-
dent que leurs cauſes ſoient appellées, à
peine de nullité des Iugements & Sentences qui ſe rendront au preiudice du preſent reglement. Et pour cét effet rool-
les ſeront faits de huittaine en huittaine,

clos à chacun iour de Vendredy, & pu-
bliez à l'iſſue de l'audience dudit iour : Et
defenſe aux Procureurs de ne mettre aucune cauſe eſdits rolles qui ne ſoit con-
teſtée & preſte à plaider : & à ceux qui feront leſdits rolles apres la cloſture d'iceux,
d'y adiouſter aucune cauſe, à peine d'a-
mende ; & feront les cauſes qui reſteront
à appeller dudit rolle, appellées les pre-
mieres au premier iour, & les rolles en-
commencez, paracheuez auant qu'en
commencer vn autre. Pour cét effet &
afin que cét ordre ſoit exactement gardé
& obſerué à l'aduenir, Nous avons
par cettuy noſtre preſent Edict, creé, eſta-
bly & erigé, creons, eſtabliſſons & erigeons en tiltre d'Office formé en heredité, vn Clerc de l'audience en chacun de
noſdits Sieges Preſidiaux, Bailliages &
autres nos Sieges & Iuſtices Royales &
Subalternes, pour enregiſtrer toutes les
cauſes, & les faire appeller à tour de rolle : auquel pour toutes peines, droicts, ſa-
laires & vacations, Nous auons attribué
& accordé, attribuons & accordons deux
ſols tournois pour l'enregiſtrement, & vn
ſol tournois pour l'appel de chacune cau-

se, auec les mesmes priuileges, prerogati-
ues, franchises & libertez que les Greffiers desdits Sieges & Iustices : Pour estre
lesdits Offices vendus hereditairement en
la maniere accoustumée. N'entendons
toutefois comprendre au present Edict,
le Chastelet de nostre ville de Paris, en
ce qui est de l'appel desdites causes seulement , que pour certaines conside-
rations nous auons attribué aux Huissiers audienciers d'iceluy : Voulans &
entendans au surplus , qu'il y sorte son
plein & entier effet ; & que lesdites causes y soient enregistrées en la forme cy-
dessus , pour estre appellées suiuant l'ordre du rolle par lesdits Huissiers audienciers : Ausquels & ausdits Clercs d'audience, nous defendons tres-expressement
de contreuenir au present reglement , à
peine de suspension de leurs charges , &
de tous despens , dommages & interests
des parties.

Si donnons en mandement à nos
amez & feaux Conseillers les gens tenans nos Cours de Parlemens, Cours de
nos Aydes, Baillifs , Seneschaux , Pre-
uosts , Iuges & leurs Lieutenans , &

à tous autres nos Officiers qu'il appartiendra, Qu'ils verifient, facent regiftrer & publier ces prefentes, garder, obferuer & entretenir inuiolablement le contenu de poinct en poinct, felon leur forme & teneur, & faire ceffer tous troubles & empefchemens, nonobftant oppofitions ou appellations quelsconques, & tous Edicts, Ordonnances & Reglemens à ce conrraires : pour tous lefquels, & fans preiudice d'iceux, ne voulons eftre differé, y dérogeant pour ce regard. Et dautant que de ces prefentes l'on pourra auoir affaire en plufieurs & diuers lieux, Nous voulons qu'aux copies d'icelles deuëment collationnées par l'vn de nos amez & feaux Confeillers & Secretaires, foy foit adjouftée comme au prefent Original : CAR tel eft noftre plaifir. Et afin que ce foit chofe ferme & ftable à toufiours, Nous auons fait mettre noftre feel à cefdites prefentes, fauf en autres chofes noftre droict, & l'autruy en toutes. DONNE' à Paris, au mois de Iuin, l'an de grace mil fix cens vingt-fept, & de noftre regne le dix-huictiéme, Signé, LOVIS, Et plus bas, Par le Roy,

De Lomenie: & à costé, Visa:& seel-
lé du grand seau de cire verte, sur lacs
de soye rouge & verte. Et plus bas est
écrit:

*Leu , publié & registré , oüy & ce
requerant le Procureur General du Roy,
à Paris en Parlement, le Roy y seant , le
vingt-huictiéme iour de Juin mil six cens
vingt-sept.*

Signé,   Dv Tillet.

*LETTRES DE RELIEF DE
surannation addressantes à la Cour des
Aydes pour la verification dudit Edict.*

LOVIS par la grace de Dieu Roy
de France & de Nauarre, A nos
amez & feaux Conseillers les gens tenans
nostre Cour des Aydes à Paris , Salut.
Nous vous auons cy-deuant & dés le
mois de Iuin mil six cens vingt-sept, ad-
dressé nostre Edict General sur le Regle-

mēt de la Iuſtice, cy attaché ſous le contreſeel de noſtre Chancellerie, afin de le verifier ſelon ſa forme & teneur. Mais à cauſe
qu'il eſt ſurãné, craignãt que vous y faciez
quelque difficulté , à preſent que nous
voulons qu'il ſorte ſon effect ; nous vous
mandons que ſans vous arreſter à ladite
ſurannation , vous ayez incontinent &
ſans delay à proceder à la verification &
enregiſtrement d'iceluy, nonobſtant op-
poſitions ou appellations quelsconques:
CAR tel eſt noſtre plaiſir. DONNE' à Paris le   iour de Decembre l'an de
grace mil ſix cens vingt-neuf, & de noſtre
regne le vingtiéme. Signé, Par le Roy
en ſon Conſeil, CORNVEL:& ſcellées du
grand ſeau de cire jaune ſur ſimple queuë.

Leu , publié & regiſtré par le com-
mandement du Roy porté par Monſieur
le Comte de Soiſſons, aſſiſté du Sieur Ma-
reſchal de Baſſompierre, & des Sieurs de
Roiſſy & de Bullion, Conſeillers és Con-
ſeils d'Eſtat de ſa Majeſté, oüy & ce con-
ſentant le Procureur General, à Paris en la

Cour des Aydes le trente-vniéme & der-
nier iour de Decembre l'an mil six cens
vingt neuf.

      Signé,   DE LAISTRE.

Collationné aux Originaux par moy
Conseiller Secretaire du Roy & de
ses Finances.

www.ingramcontent.com/pod-product-compliance
Lightning Source LLC
LaVergne TN
LVHW021655170726
843501LV00007B/2574